Aegean

...each drop an ocean

PHOTOGRAPHS:
DIMITRIS TALIANIS

INTRODUCTORY TEXT:
KOSTAS P. PANAYIOTOPOULOS

TEXTS ACCOMPANYING THE PHOTOGRAPHS:
PHAIDON THEOFILOU

GENERAL EDITOR:
ATHENA DOUNTSI

TOPIO PUBLICATIONS

Αιγαίο

...κάθε σταγόνα ωκεανός

ΦΩΤΟΓΡΑΦΙΕΣ:
ΔΗΜΗΤΡΗΣ ΤΑΛΙΑΝΗΣ

ΕΙΣΑΓΩΓΙΚΟ ΚΕΙΜΕΝΟ:
ΚΩΣΤΑΣ Π. ΠΑΝΑΓΙΩΤΟΠΟΥΛΟΣ

ΣΧΟΛΙΑΣΜΟΣ ΦΩΤΟΓΡΑΦΙΩΝ:
ΦΑΙΔΩΝ ΘΕΟΦΙΛΟΥ

ΕΠΙΜΕΛΕΙΑ:
ΑΘΗΝΑ ΔΟΥΝΤΣΗ

ΕΚΔΟΣΕΙΣ ΤΟΠΙΟ

Τα χέρια που πλάθουν το νερό, δεν έχουν σχήμα.
Το σχήμα χάνει τις γραμμές του, μεθυσμένο στα χρώματα.
Το χρώμα του Αιγαίου δεν είναι ένα.
Κάθε σταγόνα κι ένα χρώμα. Κάθε σταγόνα, ωκεανός.

Κάθε ράγισμα και γέννηση.
Κάθε κίνηση και ράβδισμα στο μέλλον.
Το χρώμα του μέλλοντος είναι εδώ.
Έτσι, όπως το χρώμα της ιστορίας.
Πέτρα-πέτρα, σταγόνα-σταγόνα.

Τα πουλιά πετάνε με το φως
και φέρνουν μηνύματα από κόσμους που θά 'ρθουν.
Κρυψώνες ονείρων, σπηλιές θησαυρών,
πηγάδια μύθων, βυθοί δίχως ίχνη,
σκάφη με ίδια πάντοτε διαδρομή. Τότε και μέλλον.

Πώς μαγνητίζει αυτό το νερό!
Η πέτρα χορεύει επάνω του σαν μουσική,
σα γυμνό παιδί, που τρέχει στην καυτή άμμο,
σαν κύμα, που φέρνει και παίρνει, δίνει κι αφήνει...

Επίγειες πεταλίδες, υδρόβιες πεταλίδες,
καρφίτσες σε στήθη κοριτσιών.

Οι μνήμες σημαδεύουν τα κύματα.
Τα κύματα σημαδεύουν τα καράβια.
Τα καράβια σημαδεύουν τους ορίζοντες.
Οι ορίζοντες δεν σημαδεύουν. Ταξιδεύουν.

Στη χούφτα σου ολόκληρη η υδρόγειος,
μέσα σε λίγες σταγόνες Αιγαίο,
που περιμένει κατακτητές σαν και σένα.
Κατακτητές, που κερδίζουν, αλλά δεν αγγίζουν.

Χρυσόσκονη στα νερά
και στα τραπέζια της παραλίας.
Οι βράχοι έχουν τη μορφή σου.
Ηλιοβασιλέματα, να χύνουν χρώματα
όλα σπονδή για σένα, σύντροφε του Αιγαίου.
Ένα πουλί, ένα κοχύλι, ένα σταφύλι.
Είσαι ο κόσμος που έρχεται.

Όλα έτοιμα να μαγνητίσουν το μήνυμά σου
και να το κάνουν χαμόγελο κοντά στον ήλιο.
Τα κύματα ταξιδεύουν τα χαρακτηριστικά σου.
Οι ιδέες σου γίνονται γέννηση
στο μάρμαρο, στο νερό, στο μέλλον.

Το Αιγαίο είναι μια ατέλειωτη ελληνική αναμονή.
Σφραγίδες υδάτινες, σημάδια Αιγαίου στη σάρκα σου.
Παράθυρα ζωής, περάσματα στη μοίρα, βήματα που φτάνουν,
ορίζοντες που κλείνουν στα χέρια σου
κι ανοίγονται στη σκέψη σου.

Το αγκίστρι πιάνει νερό κι ελπίδες.
Το Αιγαίο σε περιμένει. Η Ελλάδα σε περιμένει.
Εδώ το δίχτυ δεν σκλαβώνει. Ελευθερώνει.
Το Αιγαίο δεν πιάνεται. Γλιστρά και ταξιδεύει.
Έτσι, όπως το νερό. Όπως το φως.

Τα κατάρτια ριζώνουν στη θάλασσα. Γίνονται δέντρα με καρπούς.
Περιμένουν τα χέρια σου, και το καράβι σου.
Έλα στο Αιγαίο, που τρέχει το αύριο.
Η Ελλάδα σε περιμένει από το πιο βαθύ της παρελθόν,
μέχρι το πιο όμορφό της μέλλον.

Κώστας Παύλου Παναγιωτόπουλος

The hands that mold water have no shape.
The shape loses its lines, intoxicated in color.
The color of the Aegean is not uniform.
Each drop, a different color. Each drop, an Ocean.

Each crack, a birth.
Each motion, a lashing to the future.
The color of the future is here.
Like the color of history:
stone by stone, drop by drop.

The birds fly in the light
and bring messages from worlds to come.
Haunts of dreams, caves of treasures,
wells of myth, seabeds without marks
ships on the same route forever: now and in the future.

How this water magnetizes!
The stones dance on it, as if to music,
like a naked child that runs on burning sand
like a wave that brings and takes, offers and abandons...

Earth limpets, water limpets,
pins on girls' bosoms.

Memories mark the waves.
The waves mark the ships.
The ships mark the horizons.
The horizons leave no mark. They travel.

You hold the whole globe on your palm,
in a few drops of the Aegean,
waiting conquerors like you.
Conquerors who win, but touch nothing.

Gold-dust on the waters
and the tables by the sea.
The rocks take on your form.
Sunsets pouring forth colors
an offering to you, friend of the Aegean:
a bird, a shell, a cluster of grapes.
You are the world that is coming.

All is ready to magnetize your message
and turn in into a smile in the sunlight.
The waves carry away your features.
Your ideas give birth
to marble, water, and the future.

The Aegean is an endless Greek expectation.
Stamps of water, marks of the Aegean on your flesh.
Windows of life, passages to destiny, steps approaching,
horizons closing in your hands
and opening in your thoughts.

The fishing hook catches water and hopes.
The Aegean waiting for you. Greece waiting for you.
Here the net does not enslave. It liberates.
The Aegean cannot be caught. It slips away and travels.
Just like the water. Like the light.

The masts sprout roots in the sea. They become trees with fruit,
waiting for your hands, and your ship.
Come to the Aegean, racing toward tomorrow.
Greece is waiting for you, from the depths of her deepest past
to her most beautiful future.

Kostas Panayiotopoulos

Translated by Athan. Anagnostopoulos

Σαντορίνη. Σημείο αναφοράς στην απεραντοσύνη.

Santorini. A point of reference in infinity.

Αστυπάλαια: στο πρωινό φως του Αυγούστου.

Astypalaia: in the morning light of August.

Σαντορίνη: θερινή ματιά στο Αιγαίο.

Santorini: a summer gaze on the Aegean.

Σαντορίνη: γειτονιά στην Οία.

Santorini: neighbourhood in Oia.

Αμοργός: γειτονιά στη Χώρα.

Amorgos: neighbourhood in Chora.

Σαντορίνη: Οινομαγειρείον το "Ακταίον" στο Φηροστεφάνι.

Santorini: the 'Aktaion' restaurant in Firostefani.

Μύκονος: ανεμόμυλοι.

Mykonos: windmills.

Σαντορίνη. Φηροστεφάνι.

Santorini. Firostefani.

Amorgos. Katapola.

Αμοργός. Κατάπολα.

Ίος: Παναγία η Γκρεμιώτισσα.

Ios: Our Lady 'Gremiotissa'.

Ίος: ανεμόμυλοι στη Χώρα.

Ios: windmills in Chora.

Σίφνος: περιστεριώνας στο δρόμο προς την Απολλωνία.

Sifnos: dovecot on the road to Apollonia.

Σίφνος: αρχοντικό στην Απολλωνία.

Sifnos: mansion in Apollonia.

Symi. Life is in perpetual bloom, sweeping the whole island into an intoxication of colour.

Σύμη. Η ζωή ανθίζει ατέρμονα και παρασέρνει το νησί στο πολύχρωμο μεθύσι της.

Φολέγανδρος. Στάση στην αιωνιότητα.

Folegandros. A halt in eternity.

Πάρος: Κολυμπήθρες. Οι βράχοι έχουν τη μορφή σου.

Paros: Kolymbithres. The rocks have your shape.

Η θάλασσα ζωγραφίζει το γυρισμό στο λιμάνι.

The sea paints the return to the harbour.

Σαλπάρεις κάθε που τα κορίτσια ονειρεύονται.

You set sail whenever the girls dream.

Λαοί της θάλασσας δεν είναι μόνον οι άνθρωποι.

Not all the populations of the sea are human.

Χίος. Εμπορειό: ξεκίνημα για το ψάρεμα.

Chios. Emborio: off to the fishing.

Καστελλόριζο: Ο "ακρίτας" του Αιγαίου.

Kastellorizo: border guard of the Aegean.

Λέσβος: στο λιμάνι του Μολύβου.

Lesvos: in Molyvos harbour.

Λέσβος. Σκάλα Σκαμιάς:
Παναγιά η Γοργόνα.

Lesvos. Skala Skamias:
Our Lady the Mermaid.

Η χαρά της αρμύρας εξαργυ-ρώνεται με φως.

The joy of the sea salt is bought out in light.

Μύλος: Κλέφτικο.

Milos: Kleftiko.

Βράχια στην Πάρο.

Rocks on Paros.

Αμοργός: το μοναστήρι της Παναγίας της Χοζοβιώτισσας.

Amorgos: the Monastery of Our Lady 'Hozoviotissa'.

Άνω Σύρος.

Siros Island.

Σίφνος: Μονή Χρυσοπηγής.

Sifnos: the Chrysopigi Monastery.

Σίφνος: Παναγία Πουλάτη.

Sifnos: Our Lady 'Poulati'.

Άγρυπνο το μάτι του Θεού στο Αιγαίο.

God's eye keeps watch over the Aegean.

Δήλος. Της Ιστορίας σφραγίδες στη μνήμη που φωτίζεται.

Delos. Seals of history on memory bathed in light.

Δήλος: η οδός των λεόντων.

Delos: the street of the lions.

Μήλος: βράχια στο Κλέφτικο.

Milos: rocks at Kleftiko.

Των ανέμων τις διαθέσεις ν' αψηφάς, αδιάκοπα το Αιγαίο χαρακώνοντας.

Ignore the will of the winds as you ceaselessly scour the Aegean.

Σίφνος: η εκκλησία των Επτά Μαρτύρων, στο Κάστρο.

Sifnos: the church of the Seven Martyrs at Kastro.

Αιγαίο. Τα σκάφη συντηρούν τη διαδρομή στον αιώνιο κύκλο της.

The Aegean. The vessels keep the route to its eternal cycle.

Μύκονος: πανοραμική άποψη της Χώρας.

Mykonos: panoramic view of Chora.

Σίφνος. Εξάμπελα: καλοκαιρινή συγκομιδή.

Sifnos. Exambela: the summer harvest.

Η ομορφιά φόρεσε την απλότητα.

Beauty dressed in simplicity.

Πάτμος: η Αγία Τριάδα στου Μανώλακα.

Patmos: Holy Trinity at Manolakas.

Κουφονήσια: το Αιγαίο κανακεύει τα χρώματα στην αγκαλιά του.

Koufonisia: the Aegean rocks colours in its embrace.

Πάτμος: η μονή του Αγίου Ιωάννη του Θεολόγου.

Patmos: the Monastery of St John the Evangelist.

Στην πέτρα η δύναμή μου, η σοφία μου στο λευκό, το νοικοκύρεμα της ψυχής μου στα σχήματα. Κι η ιστορία πάλι να ετοιμάζεται.

Ίος: ο Άγιος Ιωάννης και η Αγία Αικατερίνη στη Χώρα.

Ios: the churches of St John and St Catherine at Chora.

Αμοργός: γειτονιά στα λευκά.

Amorgos: a neighbourhood clad in white.

Αμοργός: κεντήματα της άνοιξης.

Amorgos: embroidery of spring.

Πάρος. Παροικιά.

Paros. Parikia.

Amorgos. Colours that are gifts to human eyes.

Αμοργός. Χρώματα, δώρα στα μάτια των ανθρώπων.

Αμοργός. Άχρονη στιγμή.

Amorgos. A moment out of time.

Σέριφος: γενική άποψη της Χώρας.

Serifos: a general view of Chora.

Amorgos: the view from the Monastery of Our Lady 'Hozoviotissa'.

Αμοργός: η θέα από τη Μονή της Παναγίας της Χοζοβιότισσας.

Symi. The tesserae of memory.

Σύμη. Μνήμης ψηφίδες.

*Mykonos:
the Alefkantra district,
also called 'Little Venice'.*

Μύκονος: η συνοικία Αλευκάντρα (Μικρή Βενετία).

Milos. Klima: the serenity of salt.

Μήλος. Κλήμα: αρμύρα γαλήνια.

Βαφτισμένη ανάπαυλα.

Baptised pause.

Το σχήμα χάνει τις γραμμές του, μεθυσμένο στα χρώματα.

The shape loses its lines, intoxicated with colour.

In the joy of silence, in red and blue.

Στη χαρά της σιωπής με κόκκινο και μπλε.

Salt on the rails and the lips.

Αρμύρα στις κουπαστές και τα χείλη.

Στοργή.

Affection.

Λέσβος. Σκάλα Καλλονής: επιστρέφοντας με πλούσια ψαριά.

Lesvos. Skala Kallonis: returning home with a rich catch.

Fishing tools.

Ψαράδικα σύνεργα.

Λέρος: ανεμόμυλος.

Leros: windmill.

Μικρά όνειρα με νόημα που η αναμονή τα μεγαλώνει.

Little dreams with meaning, swollen by waiting.

The Aegean:
a voyage into the dream.

Αιγαίο: ταξίδι στο όνειρο.

ΕΚΔΟΣΕΙΣ

ΠΡΟΣΑΝΑΤΟΛΙΣΜΟΙ ΣΤΟ ΑΙΓΑΙΟ
ORIENTATIONS TO THE AEGEAN

ΣΚΟΥΡΙΑ ΚΙ ΑΡΜΥΡΑ
RUST AND BRINE

ΗΜΕΡΑ ΤΡΙΤΗ - ΜΕΤΕΩΡΑ
THE THIRD DAY - METEORA

ΓΗ ΤΗΣ ΜΑΚΕΔΟΝΙΑΣ
THE LAND OF MACEDONIA

3 ΟΔΟΙΠΟΡΙΚΑ
ΑΘΗΝΑ • ΚΕΡΚΥΡΑ • ΚΑΣΤΕΛΛΟΡΙΖΟ
ATHENS • CORFU
CASTELLORIZO

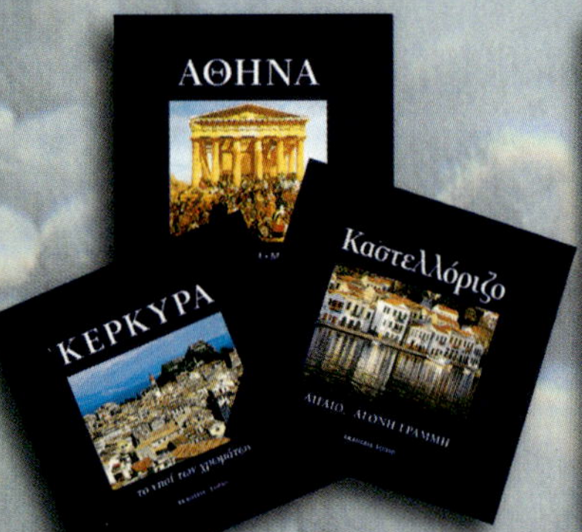

ΛΙΜΝΕΣ
Πολιτείες του Νερού
THE GREEK LAKES
Water Cities

ΠΟΤΑΜΙΑ
Υδάτινοι Δρόμοι
THE GREEK RIVERS
Roads of Water

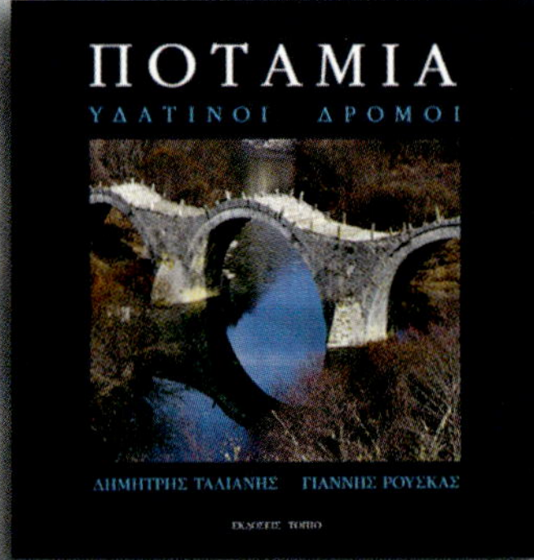

ΠΑΡΙΣ ΠΡΕΚΑΣ
"Το Ταξίδι μου"
PARIS PREKAS
"My Voyage"

ΤΟΡΙΟ

Τ Ο Π Ι Ο

ΚΕΡΚΥΡΑ, ΙΟΝΙΟΝ ΦΩΣ
CORFU, IONIAN LIGHT

ΕΣ ΚΥΠΡΟΝ
TO CYPRUS

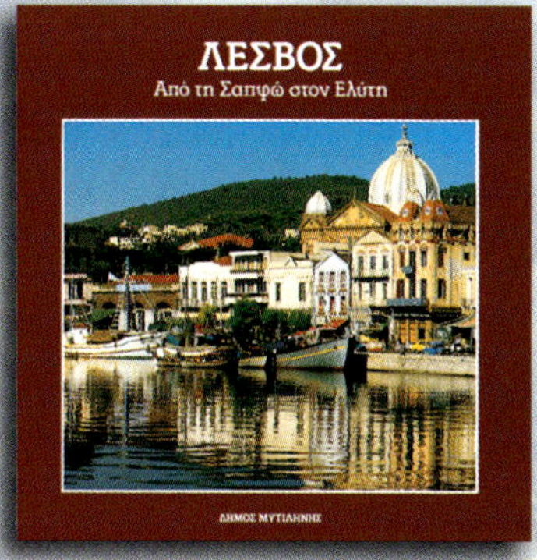

ΛΕΣΒΟΣ
Από τη Σαπφώ στον Ελύτη
LESBOS
From Sappho to Elytis

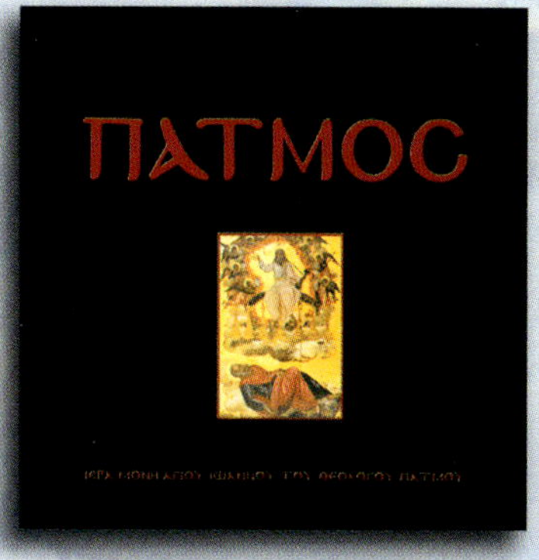

ΠΑΤΜΟΣ
Το νησί της Αποκάλυψης
PATMOS
The Island of the Revelation

ΣΑΝΤΟΡΙΝΗ
και η θάλασσα «έτεκε γην»
SANTORINI
"and the sea gave birth to the land"

ΚΑΛΛΟΝΗ
οδοιπορικό στην κεντρική Λέσβο
KALLONI
tour of central Lesbos

ΓΕΥΣΕΙΣ ΑΙΓΑΙΟΥ
AEGEAN TASTES

ΑΙΓΑΙΟ
κάθε σταγόνα ωκεανός
AEGEAN
each drop an ocean

P U B L I C A T I O N S

ΕΚΔΟΣΕΙΣ ΤΟΠΙΟ

ΚΟΥΝΤΟΥΡΙΩΤΟΥ 11, 171 22 Ν. ΣΜΥΡΝΗ • ΤΗΛ.: 940 7641, 097 307 857, FAX: 940 7642
topiopub@otenet.gr

ΚΕΝΤΡΙΚΗ ΔΙΑΘΕΣΗ: ΕΛΛΗΝΙΚΑ ΓΡΑΜΜΑΤΑ
Γ. ΓΕΝΝΑΔΙΟΥ 5, 106 78 ΑΘΗΝΑ • ΤΗΛ.: 380 6661, 381 7001, FAX: 383 6658

TOPIO PUBLICATIONS

11 KOUNTOURIOTOU ST, GR 171 22 N. SMYRNI, ATHENS GREECE
TEL. +(30)1 940 7641, +(30)97 307 857, FAX +(30)1 940 7642 • topiopub@otenet.gr

MAIN DISTRIBUTION AGENCY: ELLINIKA GRAMMATA
5, G. GENNADIOU ST, GR 106 78 ATHENS GREECE
TEL. +(30)1 380 6661, +(30)1 381 7001, FAX +(30)1 383 6658 • lili@ath.forthnet.gr

ISBN 960-7646-27-4